Papá, Mamá, Anita

y yo

Jérôme Ruillier

editorial juventud
Barcelona

Papá,

Mamá,

Anita

y yo

formamos
una familia muy unida.

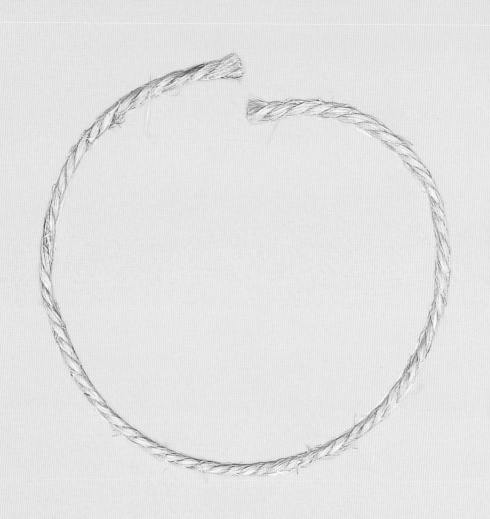

Jugamos mucho.

Juntos
miramos la televisión,

vamos de vacaciones.

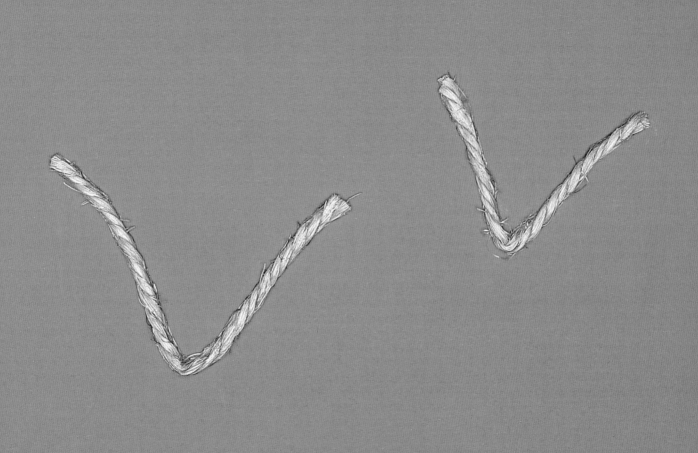

Pero la familia, a veces,
se tensa así.

A punto de romperse.

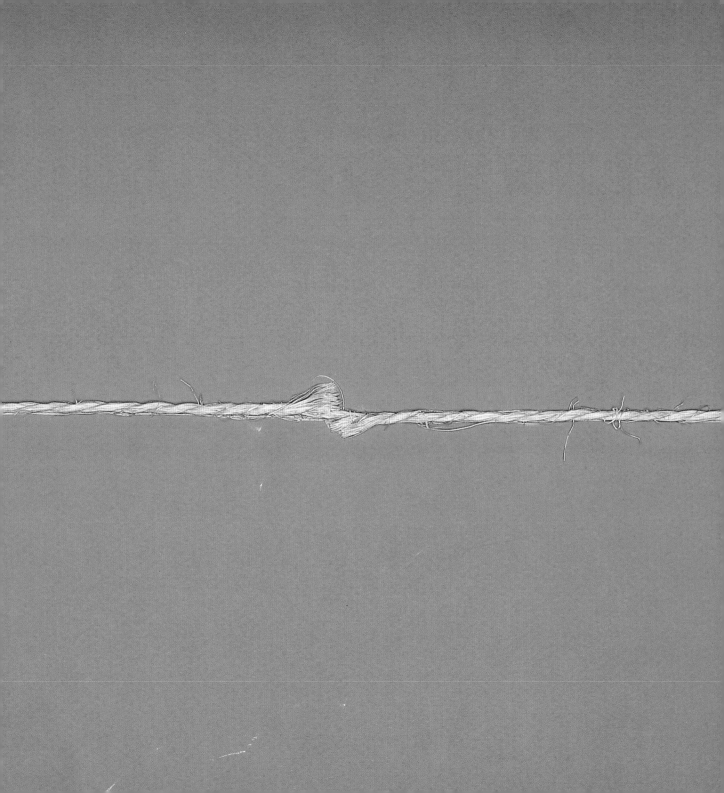

¡CRAC!

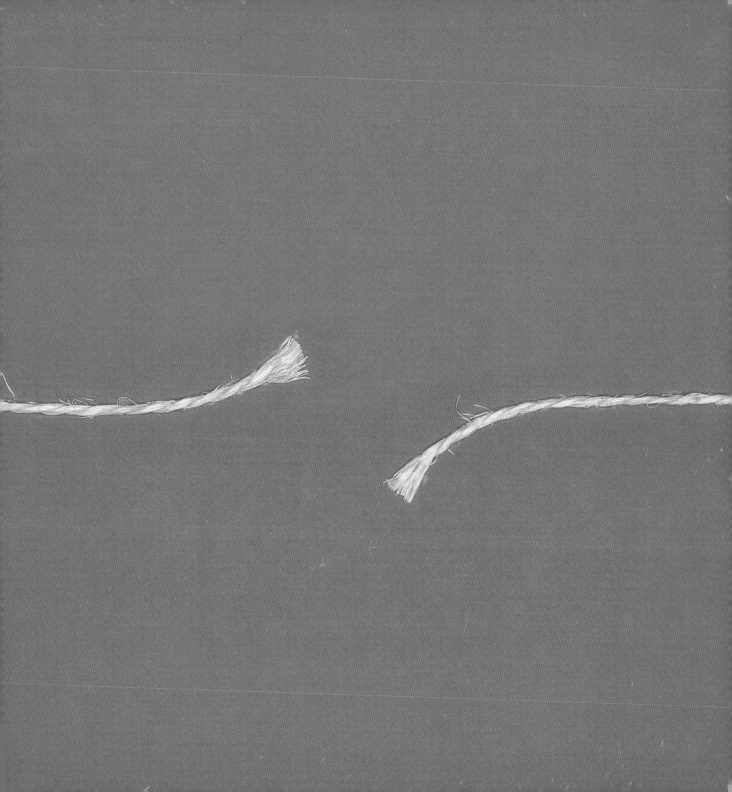

Se rompe
en mil pedazos.

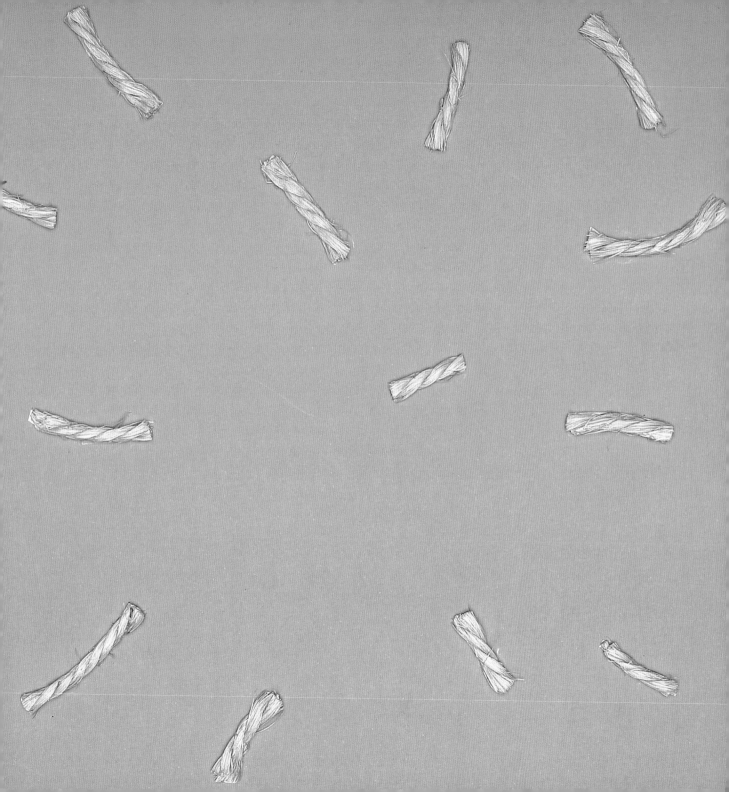

Cuesta volver
a encontrarse.

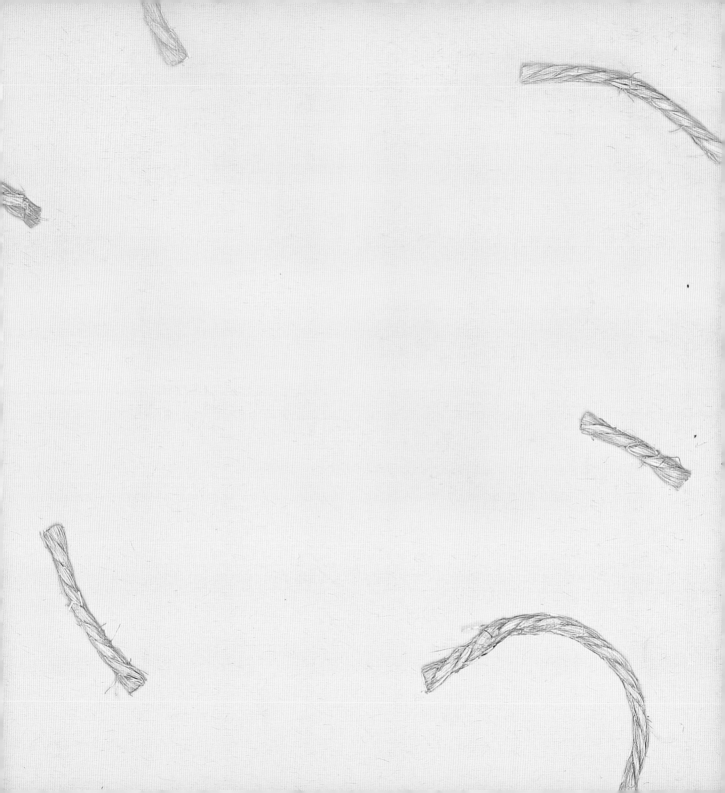

Por suerte, todos acabamos relajándonos.

Nos volvemos a encontrar
como antes.

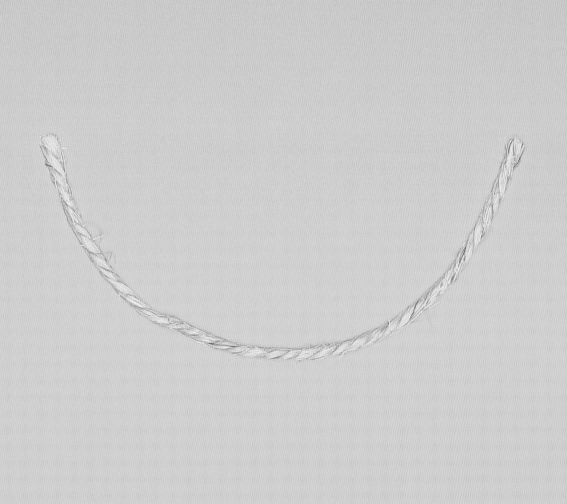

Y nos abrazamos
muy muy fuerte,
Papá, Mamá,
Anita y yo.

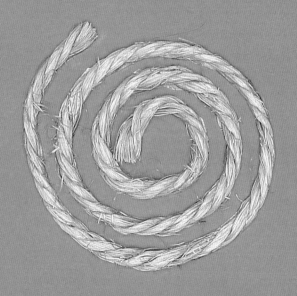